AF239865

Hannes Frank

Fünf Wirtschaftswunder

Für mein Herz, meine Liebe und meine Freude: Sarina

© 2012 Hannes Frank

Herstellung und Verlag: BoD – Books on Demand, Norderstedt

ISBN: 9783848232697

Im Folgenden werden verschiedene ökonomische Fassetten des Unternehmertums wie die Vermarktung eines Produktes, logistische Eigenarten bestimmter Fortbewegungsmittel oder die Erschließung eines neuen Marktes anhand fünf einzelner Abenteuer aufgezeigt. Eine Kombination dieser Anekdoten mit weitestgehend unbekannten wirtschaftlichen Erlebnissen soll dem interessierten Leser einige kurzweilige Minuten bescheren.

Dieses Buch soll kein Ratgeber oder Leitfaden sein. Seine einzige geplante Wirkung soll in der Unterhaltung und der Belustigung des Lesers liegen.

Alle in diesem Buch erzählten Geschichten basieren auf wahren Begebenheiten. Namen von Personen, Orten oder Firmen wurden zum Schutz der Privatsphäre verändert.

Vorab

„Nicht für die Schule sondern für das Leben lernen wir."

In den zahlreichen Fächern und Vorlesungen, die ein mittelmäßig engagierter Student für Betriebswirtschaften an einer deutschen Hochschule besucht, lernt er viele nützliche Grundlagen.

Beispielsweise darüber, wie man eine beliebige Stelle in einem beliebigen Unternehmen in ausreichendem Maße bekleidet. In den stickigen, kleinen und überfüllten Hörsälen der Nation wird ihm vermittelt, mit welchen Strategien und Maßnahmen die jungen, wissbegierigen Emporkömmlinge aus unterschiedlichsten sozialen Schichten welche unternehmerischen Ergebnisse erreichen können. Welche persönlichen Ziele und Zustände als erstrebenswert gelten und auf welche Weise ein global agierender Multichannel-Retailer Rückstellungen für eine drohende Finanzkrise in seiner Bilanz bilden kann. Dies hilft dem potenziell künftigen Steuerfachberater im überfüllten und spärlich mit Pflanzen bestückten Großraumbüro der vierten Etage dabei, die mit seinem jähzornigen Vorgesetzten im gezwungen-lockeren Vieraugengespräch abgestimmten Jahresziele für sich und seinen Bereich zu erfüllen. Hingegen wird der interessierte Marketingguru von morgen auf die tief gehend chaotischen Meetings mit ewig unzufriedenen Kunden und die langen Workshopnächte des ohnehin stressigen Agenturalltags von seiner umwerfend kreativen und betont lockeren Mitte fünfziger-Dozentin gezielt mit einer Aufgabe vorbereitet. Ihm obliegt es, in seiner Seminararbeit ein Konzept zur Gestaltung eines sechzehn Quadratmeter Messestandes für eine fiktive Ostasiatische Firma zu entwickeln. Nach seiner Fertigstellung begegnet dieses Pamphlet wohl am häufigsten und intensivsten dem studentischen Laptop bei der regelmäßigen Defragmentierung. All diese Grundlagen vertieft der chronisch vom Hochschultrott berauschte Adjutant im energischen Dialog mit seinen Kommilitonen. Zumeist bei ausgiebigen After-Lesson-Sessions im campusnahen Studentenclub, selbstverständlich unterstützt durch die stimmungsanreichernde Wirkung von Musik und Alkohol. Vor allen anderen Skills benötigt der Student nach seinem Studium jedoch besonders das Talent und den Ehrgeiz, aus einem künftigen Engagement oder Geschäft mit einem maßgeblichen und ausreichenden Gewinn hervorgehen zu können. Diese Begabung erwirbt er nicht im kreativen Austausch von Hausarbeiten mit seinem Professor. Nach all den langatmigen Stunden im verträumten Hörsaal und der leisen Bibliothek ist er zwar mit umfassend oberflächlichem Wissen ausgestattet, das ihm eine durchschnittliche Karriere in einem Konzern sichert, nicht aber mit dem intuitiven Verhandlungsgeschick, dass er benötigt, um eine maximale Rendite zu erwirtschaften und seine hohen persönlichen Ziele zu erreichen. Diese Erfahrungen erhält der Student vornehmlich aus praxisnahen Lerneinheiten, zumeist außerhalb der Seminarräume und Bibliotheken von Hochschulen und Universitäten.

Wirtschaftserfahrene Leitfiguren und emsige Lehrbuchautoren machen es schließlich vor. SAP-Mitbegründer Hasso Plattner ist dabei nicht nur ein guter Segler, sondern vor allem ein gewiefter Stratege mit einem feinen Gespür für die ökonomische Situation und den persönlichen Charakter seiner hartnäckigen Verhandlungspartner. Nicht umsonst gilt er heute als alleiniger Patriarch an der Spitze des Softwaregiganten SAP, hat er doch das kleine Unternehmen aus Oberfranken mit Geduld, Geschick und konstantem Wachstum an die Spitze des internationalen Mittelstandes geführt. Die Tatsache, dass die Gründungsgemeinschaft des Unternehmens ursprünglich aus vier Personen bestand, zeigt das einzigartige Durchhaltevermögen dieses Menschen. Eine ganz besondere Rolle spielt für eben dieses Durchhaltevermögen neben einem persönlich verinnerlichten Maß an Ehrgeiz die individuelle Definition von Erfolg. Diese unterscheidet sich sowohl von Student zu Student als auch in beachtlichem Maße von Lebenssituation zu Lebenssituation. So strebt der 56-jährige Greenkeeper des aktuell fünftplatzierten Bundesligisten nicht mehr nach einer Blitzkarriere als offensiver Mittelfeldvirtuose im Champions-League-Finale, sondern richtet sich mit seinen Bemühungen viel eher auf die Absicherung seiner bis dato geschaffenen Werte und das Wohlergehen seiner Familie. Indes versucht der naive, väterlich geförderte Freshman an einer angesehenen Elite-Uni eines unserer Nachbarländer mit aller Kraft und allen absurden Mutproben zum Trotz, einer der berüchtigten Verbindungen beizutreten, die sich vor allem durch altgriechische Buchstaben und einen hohen Anteil an Quarterbacks auszeichnen. Die individuelle Auslegung von Erfolg bezieht sich dabei also ebenfalls auf gesellschaftliche Regularien. So erwirtschaftete beispielsweise der aus Deutschland kommende aktuelle Weltmarktführer von chemischen Spezialbaustoffen im Jahr 2009 einen Umsatz von 430 Millionen Euro. Das Familienunternehmen beschäftigt rund 1700 Mitarbeiter und benötigt eine Fabrikationsfläche in der Größe von etwa 25 Fußballfeldern. Die rüstige Firmengründerin ist trotz dieser Dimensionen bewusst völlig unbekannt geblieben und wohnt noch immer in einem unscheinbaren Landhaus im Jugendstil, umringt von Mischanlagen und Fertigungsstraßen, inmitten des Betriebsgeländes.

Wenn hingegen Sepp Blatter, aktueller Präsident der Federation Internationale de Football Association, begleitet von Korruptionsvorwürfen und zweideutigen zwischenmenschlichen Anspielungen auf der Mattscheibe erscheint und sich den monotonen Fragen der eingeladenen Sport- und Klatschjournalisten stellt, wird auch dem letzten sportverliebten Hüter naiver Kindheitsträume klar, worum es im Milliardenmarkt Fußball eigentlich geht.

All diesen Persönlichkeiten und Alpha-Figuren begegnet der Hochschulabsolvent auch fern der Nachrichten, sozialen Medien und Lehrbücher abseits des Studiums immer wieder, sind die Konfrontationen und eleganten Auseinandersetzungen mit ihnen doch ein elementarer Bestandteil seiner eigenen Evolution.

Sei es im ganz privaten Tennistraining, wobei der locker-muskulöse Trainer im rosafarbenen Poloshirt seine Aufmerksamkeit eher auf den ansprechenden Sitz seiner persönlichen Locken konzentriert, als auf die Optimierung von Beinarbeit und Aufschlag des eher tollpatschigen Schülers. Dies wiederum führt zu einer exponentiell verlaufenden Spannungskurve zwischen beiden Parteien. Oder sei es der nächste Vorgesetzte, der nach Abschluss der Vorstellung im versammelten Konferenzraum dem Praktikanten entgegenbringt, dass er bereits fünfmal betont habe, die in der Präsentation verwendete Schriftgröße müsse unbedingt der aktuellen CI-Guideline des Unternehmens entsprechen, schließlich befindet sich Selbiges in einem stringent ausgewogenen Kommunikationsverhältnis von Bild und Schrift.

Es wird deutlich, dass sich der Student, hat er sein Studium erfolgreich absolviert, indem er sich den subjektiven Lösungsansprüchen seiner Lehrmeister angepasst und seine eigenen, kreativen Ideen und Ansätze dieser Unterwürfigkeit geopfert hat, am Arbeitsmarkt ganz neuen Herausforderungen gegenübergestellt sieht. In der antriebslosen Zeit zwischen Alma Mater und künftiger Anstellung im väterlich erprobten Unternehmen fokussiert er sich zu erst einmal auf sich selbst. Denn neben dem erfolgreichen Abschluss und der endlich überstandenen endlosen Prüfungsphasen gibt es die wiedererlangte Freiheit zu zelebrieren und zu genießen. So wird in den Nächten noch länger und intensiver gefeiert, die darauf folgenden revitalisierenden Besuchsfrequenzen bei Starbucks, dem Smoothie-Gesundheits-Store und anderen Quick-and-Go-Shops werden erhöht und die sommerlichen Parkanlagen und Wiesen der vereinigten Bundesländer werden von den halb nackten und klischeehaft Gitarre spielenden Studentenhorden regelrecht okkupiert. All dies nur mit dem Ziel, sich emotional und gedanklich immer schneller und weiter vom studentischen Alltag, Trott und regelmäßigen Verschlafen zu distanzieren. Eine Blume im gelockten Haar wirkt an dieser Stelle unterstützend. An die kommenden Perioden wird erstmal kein Gedanke verschwendet. Und doch ist die rechtzeitige Vorbereitung nicht unerheblich.

Facebook hat seinen Börsengang Mitte Mai 2012 nicht erst einen Monat vor Zeichnung der Wertpapiere geplant. Bereits zwei Jahre zuvor gab es konkrete Pläne im Headquarter des Internetriesen, die kommenden Finanzierungsrunden über die Börse laufen zu lassen. Es standen sämtliche Konzepte - deutlich früher, als die öffentliche Berichterstattung vermuten lässt. Diese Konzepte waren so weit ausgearbeitet, dass durch die Beratung erfahrener Analysten bereits die potenziell fallende Wertentwicklung der Aktie unmittelbar Nachdem Börsengang vorhergesehen werden konnte. Und weshalb auch nicht. Zum Jahresende 2011, zum Zeitpunkt der konzeptionellen Phase des Facebook-Börsengangs, lag eine vergleichbare Aktie in einer tiefen Talfahrt, es war das Wertpapier von Google. Anhand der Marktentwicklung und der verinnerlichten Erfahrungen konnte Facebook so einen PR-starken und spektakulären Börsengang realisieren, ohne überrumpelt-verblüfft auf die dabei durchaus üblichen Überraschungen reagieren zu müssen, denn sie wurden erwartet.

Modernen und multimedialen Unternehmen wie Facebook, Google oder kleineren Agenturen wie JungvonMatt oder BBDO laufen Bewerber und Arbeitswillige nahezu die Türen ein. Dies ist vor allem deswegen interessant, da die Arbeitsbelastungen, sei es zeitlicher Stress oder die hohe Erwartungshaltung gegenüber den Leistungen des jungen, motivierten und coffein-gedopten Arbeitnehmers in wenigen Branchen, derart hoch sind. Dabei stehen dem nicht arbeitsscheuen Absolventen unzählige und vielfältige Jobangebote am Markt zur Verfügung. Doch stets ist die tief emotionale und auf ewig sinnstiftende Beschäftigung mit unverhältnismäßig hoher Entlohnung nicht darunter zu finden. So missfällt neben dem sechsmonatigen Praktikum im Bereich Business Developement der Internationalisierungsabteilung eines Finanzkonzerns mit hoffnungsvoller Aussicht auf eine Junior-Managerposition nach Ablauf der Probezeit auch die chancenreiche Karriere auf die gesundheitsfördernde Festanstellung als radfahrender Postbote im verregneten Bereich Halstenbek-Krupunder, obgleich die kurz geschnittene Berufsbekleidung als bewusst eingesetztes Image-Förderinstrument von der Deutschen Post medienwirksam inszeniert wird. Dabei spielt es bei näherer Betrachtung gar keine Rolle, welches konkrete Beschäftigungsverhältnis gewählt wird. Vielmehr bieten sich in jedem Berufsfeld vielfältige Möglichkeiten, die dringend erforderliche Erfahrung im beruflichen Alltag zu erwerben, auch wenn der Job auf den ersten Blick keinen Mehrwert für die Entwicklung des jugendlichen Gemüts liefert. So dienen neben den klassischen Einstiegsvorstellungen der meisten Studenten wie Vorstandsvorsitzender der Bayer AG, geschäftsführender Inhaber eines Porsche Autohauses, Leiter Produktdesign & Innovationen bei Apple oder Kindergärtner, besonders Praktika der schnellen und einfachen Integration in ein Unternehmen. Sie ermöglichen dem Berufseinsteiger neben guten Kontakten vor allem einen ersten Einblick in die konkrete und reale Funktionsweise einer Firma. Dieser unterscheidet sich wie selbstverständlich in großen Zügen von der theoretischen Basis des studentischen Lehrstoffes. Hier fällt dem Neuzugang stets zuerst die Hierarchie, die Rang- und Hackordnung in seiner eigenen Abteilung auf. Natürlich sind alle Mitarbeiter gleich angesehen, es gibt keine Wertungsunterschiede zwischen Stellenbeschreibung, Motivation und Arbeitseinsatz und auch der Input des Praktikanten ist wertvoll und wird stets im intensiven Dialogmeeting des gesamten Teams erörtert. Da verwundert es legere Persönlichkeiten sehr, wenn der in Jeans und Hemd gekleidete Ersteinsatz auf den Fluren und Gängen der Unternehmenswelt kein freundliches „Hi" der Anzugfraktion nach sich zieht. Doch selbst wenn sämtliche auferlegten Tätigkeiten innerhalb des Praktikums als schnöde und anspruchslos erscheinen, stellen sie doch auf magische Weise den studentischen Fuß in das halb offene Portal der Berufswelt. Denn in seiner Universität erlernte der Student den lösungsorientierten Umgang der folgenden, von Vorgesetzten sehr angesehenen Maxime: Auch wenn das Thema eine

noch so langatmige und stupide Bearbeitung erfordert, gilt die effiziente Erzielung des Status "Finitum" als höchste Devise! Doch nicht
nur der standardisierte Karriereablauf birgt Chancen und Potenziale.
Eine besonders hohe Anreicherung von Wissen erfährt der kognitiv-
extrovertierte Chaot in der Zeit der Arbeitslosigkeit Nachdem Studium. Er beginnt den Tag ohne sich und seine Ideologien, verlässt mit-
tags das Bett, um sich gegen 12:30 Uhr auf der heimischen, mütter-
lich dekorierten Sofalandschaft vor dem Hintergrund einschlägiger
Talkshow-Dramen zwischen zwei hedonistischen Standby Geliebten
im Schwangerschaftsmythos zu amüsieren. Glücklicherweise folgt
auf dieses meisterliche Format deutscher TV-Kultur auch eine betont leichte Doppelfolge über eine US-amerikanische Population gel-
ber Zeichentrickfiguren, deren kultureller Führer eine Anspielung auf
den ersten dokumentierten Dichter des Abendlandes und Autor der
Ilias und Odyssee reflektiert. Auf diese Weise ist seit Dekaden ge-
währleistet, dass ein plötzlich hereinbrechender Schwall von Langeweile erfolgreich domestiziert werden kann.

Doch spätestens durch die erhöhte Frequenz eingehender Short-
Messages auf dem idealisierten iPhone befördert die Frage nach
nächtlicher Aktivität das herangewachsene Menschenkind von der
Couch schnellen Schrittes unter die Dusche, wo neben dem kräch-
zenden Mittelwellenempfang des 80er-Jahre-Nasszellenradios die
Problemstellung "Liquidität" in den Gedanken auftaucht.

Inmitten der unwirtlichen Umgebung von teilbeschäumter Nacktheit unter plätschernd-dampfendem Wasser erreichen die Überlegungen verschiedene Richtungen. Nachdem sie um die Karriere als kolumbianischer Drogenboss einer paramilitärischen Organisation, auf einem Schimmel reitend oder am eigenen Strand liegend kreisen, fasst der Student den Entschluss zur Aufnahme einer umsatzstarken Tätigkeit.

Diese ist nicht mit der Aufgabenstellung des späteren Berufswunschs zu vergleichen, da sie nicht aus der Intention auftaucht, dem Großonkel nach der fünfzehnten Fragerunde endlich eine passable Antwort liefern zu können. Vielmehr entspringt sie einer profanen Lebenssituation, geprägt von chronischem Geldmangel.

Dennoch, Beflügelt von dem motivierenden Gefühl, eine wegweisende und richtungsändernde Entscheidung getroffen zu haben, werden erste verkaufsfördernde Maßnahmen ergriffen. Diese sind nebst Beendigung des leibreinigenden Duschvorgangs auch die Oral-B-getriebene Beseitigung umgebungsfeindlicher Bakterienkulturen in Mund und Rachenraum. Die Optimierung des äußerlichen Erscheinungsbildes durch das Anlegen von aufeinander in Farbe, Passform und allgemeinem Stil abgestimmter Bekleidung erweitert das Konzept. So drapiert, gepudert und geölt, stehen dem raschen Umsetzungswillen des Absolventen nun zahlreiche Möglichkeiten und Wege zur Verfügung. Häufig wird dies jedoch direkt als erste neue

Hürde empfunden. Denn bei genauer Betrachtung bieten sich unzählige Einkunftsarten. Ob regelmäßiger Natur, beispielsweise in einem festen Anstellungsverhältnis als unterbezahlter Sous-Chef in einem sternbehafteten Edel-Restaurant, ursprünglich nur zur Überbrückung eingegangen. Oder eine spontane, kurzfristige Tätigkeit, in der Rolle des berüchtigten holzbeinigen Hütchenspielers an der Straßenecke, ausgestattet mit Campinggarnitur und Oberlippenbart. Wie und wo sich der Absolvent auch immer auf Einkommenssuche begibt, transportiert er doch stets die felsenfeste Überzeugung zur Verbesserung der heimischen Finanzmittelversorgung.

Dieses Gefühl erlebte auch Lakshmi N. Mittal in seiner Übergangszeit von Studium zur Berufswelt. Ein, wie sich herausstellen sollte, im Umgang mit Geld und strategischen Entwicklungen ganz besonders talentierter Inder, der besonders die Kultur und die Verhandlungssituationen zwischen zwei gewinnorientierten Verhandlungsparteien auf dem Subkontinent hervorragend verinnerlicht hat. Laut Angaben des renommierten "Forbes-Magazine" ist er mittlerweile der drittreichste Mann der Welt, kommt jedoch aus gewöhnlichen Verhältnissen und entschloss sich erst nach seinem Studium, mit festem Willen seine Finanzsituation zu optimieren. Während sein Vater aus der Kaufmanns-Kaste entstammte und einen kleinen Stahlschmelzbetrieb am heruntergewirtschafteten Stadtrand von Kalkutta leitete, dachte der junge motivierte Lakshmi schon weiter und kaufte mit den zusammengekratzten Ersparnissen der Familie und ein wenig Fremdkapital nacheinander zahlreiche marode Stahlwerke auf. Diese brachte er erfolgreich wieder auf Kurs. Heute besitzt er unzählige dieser Werke auf dem ganzen Globus. Sein Privatvermögen schätzt man auf etwa 25 Milliarden US-Dollar, doch für Lakshmi N. Mittal ist besonders die gesellschaftliche Definition von Erfolg bedeutend. Sie unterscheidet sich in der indischen Kultur von der europäischen stark. Mit seiner Frau und zwei Kindern wohnt er daher in einer repräsentativen Londoner Stadtvilla, die er für etwa 85,5 Millionen Euro von Formel 1 Chef Bernie Ecclestone erwarb und deren Garage rund 25 Oberklasse Autos beherbergt.

„Der entscheidendste Schritt ist stets der erste, so ergeben sich die folgenden von ganz allein." In diesem Fall ist es die Tatsache, aus voller Überzeugung die Entscheidung getroffen zu haben, der drohenden Privatinsolvenz zu entrinnen. Nicht durch Flucht und Ausreise auf eine dem Untergang geweihte Südseeinsel, wohl aber durch die Generierung von Einkommen, vollkommen gleichgültig, auf welche Weise dies geschieht. Die einzige Befriedigung für diese neue Entscheidung liegt im mittel- oder unmittelbaren Eingang von Umsätzen, seien es Geld, Produkte oder Dienstleistungen, die nach einem ausgeklügelten und recht optimistischen studentischen Businesscase in letzter Instanz dazu führen, dass sich der Kontostand erholt. Da erscheint es auch nicht mehr verwunderlich, dass Friedrich Dürrenmatt einst mit der integeren Aussage glänzte, dass je planmäßiger die Menschen vorgegangen wären, desto wirksamer sie der Zufall träfe.

Deutschlands größtes Stahl- und Technologieunternehmen mit Sitz in Duisburg und Essen erwirtschaftet einen jährlichen Umsatz von etwa 49 Milliarden Euro. Im Jahr 2007 wurde dieses Unternehmen von der EU-Kommission zur Zahlung von 479,7 Millionen Euro Strafgeld verpflichtet. Es war Teil des Aufzugs- und Fahrtreppenkartells, das zwischen 1995 und 2004 Marktpreise, Marktsegmente und Marktinformationen untereinander aufteilte. Die durch das Kartell begünstigt erwirtschafteten Umsätze in diesen neun Jahren lagen bei geschätzten 700 Milliarden Euro.

Der bulgarische Geschäftsmann Ivan Georgieva war frisch im Lebensmittelimport und -export tätig. 1999 verkaufte er voller Freude einem naiven chinesischen Kollegen etwa 67 Tonnen deutschen Käses. Aufgrund des kompetenten Auftretens von Ivan sollte er selbst die qualitativ hochwertigste Sorte wählen. Der Käse sollte leicht aromatisch und laktosefrei sein, da 90% aller Chinesen laktoseintolerant sind. Ivan wählte Gouda, den er unmittelbar von Deutschland aus nach China schicken lies. Es war sein bis dahin größter Auftrag. Als zwei Wochen später die Logistikfirma anrief und ihm mitteilte, der Empfänger habe die Sendung abgelehnt, wunderte Ivan sich sehr. Nach einem Anruf bei dem erbosten chinesischen Kollegen war Ivan klar, welchen Fehler er gemacht hatte. Etwa 90% aller Chinesen sind laktoseintollerant, Gouda enthält Spuren von Laktose. Auf den Kosten für den Käse, den Hin- und Rücktransport und die anschließende Vernichtung blieb Ivan Georgieva sitzen. Er wurde die Käsemassen nicht wieder los, es war sein Ruin.

Massimo Zanetti, glückloser Inhaber einer kleinen Autovermietung in Norditalien, stand mit seiner Firma kurz vor der Insolvenz. Bei einem Spaziergang sah er im November 2007 einen hypogäisch wachsenden Pilz aus der Erde ragen. Er nahm ihn an sich und vermutete, dass es sich um einen Trüffel handeln könnte. Die enorme Größe ließ ihn aber zweifeln.

Bei einer alljährlich stattfindenden Trüffelversteigerung in der Nähe von Alba im Piemont ließ er seinen Pilz versteigern. Es handelte sich tatsächlich um einen Trüffel mit einem Gewicht von 750 Gramm. Ein Bieter aus Hongkong zahlte 143.000 Euro für Zanettis Pilz.

Die Versteigerung ist stets für einen guten Zweck. Der gesamte Erlös kommt einem sozialen Projekt zugute, das wusste Zanetti jedoch nicht.

Das erste Wunder

„Expansion ist spätestens seit Dschingis Khan jedem verständlich."

Die arabische mit der mitteleuropäischen Kultur zu vergleichen, fällt aus zahlreichen Betrachtungswinkeln schwer. In vielen Bereichen sind die Differenzen ausgeprägter, als der erste Blick vermuten lässt. Sei es eine andere Gewichtung der Religionen, die damit einhergehenden politischen Basistheorien und deren Ausführungen, der Umgang der Menschen untereinander oder auch das teilweise unwirtliche Klima mit Temperaturunterschieden von 45° am Tag und -18° bei Nacht. Die daraus resultierend extreme Vegetation und zuletzt besonders die geografischen Gegebenheiten formen felsige Gebirgszüge aus rotbraunem Sandstein, meterhohe endlose Sanddünen und damit eine unverwechselbare Landschaft. Unweigerlich erforderte das Überleben in dieser Umgebung schon immer einen stark ausgeprägten Handel zwischen den verschiedensten ethnischen Gruppen, Nomadenvölkern und Nationalitäten. Besonders aus dieser Notwendigkeit resultieren die

fassettenreiche Ernährung, die unzähligen, berühmten Tausendundeine Nacht-Gewürzbasare und das laute, geschickte Feilschen um 0,25g mehr oder weniger vom arabischen Sumak, einem säuerlichfarbintensiven Mahlwerk aus getrockneten Sumachfrüchten. In den häufig heißen, kargen und überproportional besandeten Landschaften der arabischen Liga bilden neben den stark besiedelten Küstenregionen besonders kleine, weit verteilte Oasen die Grundlagen der regionalen Versorgung, überwiegend zu erreichen mit Hilfe des Königs der heimischen Fauna, dem Kamel.

Schier endlose Karawanen der großen Nutztiere bahnen sich, getrieben von befremdlich dunkelblau vermummten Tuareg, ihren Weg durch die sengende Hitze und die schmirgelnden Sandstürme der Wüsten, beladen mit Handelswaren jeglicher Art. Ob Unmengen von Wasser und Trockenfleisch, Kardamon, Kameras und DVD-Playern, Waffen jeglicher Feuerkraft oder Möbel, wie Stühle und Tische. Selbst Autoteile werden mithilfe der Wüstenschiffe von Oase zu Oase, von Stadt zu Stadt und von Küste zu Küste transportiert. Auch ein deutscher Geschäftsmann nutzte diesen Transportweg zeitweise für seine Geschäftsidee, die er mit viel Geld und noch mehr Optimismus in die arabische Welt trug, wohl wissend um die zahlreichen kulturellen Unterschiede und Herausforderungen, die ihn erwarteten.

Als 1895 der dänische Arzt und Forscher Nils Ryberg Finsen im kalten nordischen Winter nach einer Therapieform zur Heilung von Hauterkrankungen wie Röteln, Pocken oder Hauttuberkolose suchte, gelang es ihm nach zahllosen Misserfolgen schlussendlich unter der Verwendung von Bergkristalllinsen, die energiereiche Ultraviolettstrahlung einer Bogenlampe zu bündeln und kontrolliert auf verschiedene Ziele zu fokussieren. Ohne die neuzeitlichen Auswirkungen seiner Entdeckung zu erahnen, erfand er damit die Grundfunktion des Solariums. Ursprünglich von Finsen zur Heilung von dermatologischen Symptomen und Beschwerden entwickelt, gibt es heute in Deutschland etwa 45.000 betriebswirtschaftlich orientierte Sonnenstudios. Diese bieten die Bestrahlung hauptsächlich zur kosmetischen Bereicherung der Kunden an, ungeachtet der Tatsache, dass die überwiegende Mehrheit der Ärzte und Gesundheitsverbände in Deutschland die Meinung vertritt, der regelmäßige Konsum von UV-Bestrahlung schadet Haut und Hirn. So finden neben Bi- und Trizeps vernarrte Anwerter auf den diesjährigen Nachwuchs-Body-Builder Award der Körperkulturvereinigung Castrop-Rauxel auch immer wieder die im Herzen jung gebliebenen Miss' Schrebergarten von 1957 zur Erhaltung des eingefallenen karamellfarbenen Teints ihren täglichen Weg ins örtliche Solarium. Hier wird wie immer fünfundvierzig Minuten unter der gleißenden Umgebung von Bank 12 regeneriert. Nach der raschen Verbreitung dieser Institutionen im deutschen und letztlich auch europäischen Markt um 1994 stellte sich unausweichlich die Frage, in welche Nationen und Landstriche eine weitere Expansion sinnvoll und ertragreich wäre. Als neben den Vereinigten Staaten und Schweden auch die zentralen Wald- und Wiesenareale der Uckermark von wachstumsbesessenen Franchisegebern kolonialisiert werden konnten, wurden von Brancheninsidern die Endzeit der Filialisierung ausgerufen.

Um die Jahrtausendwende, etwa zur Mittagszeit, befand sich der norddeutsche und durchweg hellhäutige Investor Fipps Thomsen im Jahres-Ägypten-Urlaub auf einem Kamel, um auf Anregung seiner ebenfalls hellhäutigen, leicht übergewichtigen Frau die vorderen fünfzig Quadratkilometer des glühenden Saharasandes zu genießen. Trotz des ewig professionell auseinanderfallenden Turbans, der leichten weißen Burka und des mit Sonnenschirmen, Wassermassen und eisgekühltem Obst nebenher eilenden Personals, fiel Thomsen die Tatsache auf, dass er nur Männer zu Gesicht bekam. Gefördert durch den im höchsten Maße durchbluteten Kopf analysierte der spontane Kapitalgeber, der mit etwas Glück und viel Verstand sein Geld gewinnbringend an Finanzmärkten in Europa und Asien einsetzte, die interhumanen kulturellen Verhältnisse des Morgenlandes. Während Gleichberechtigung und Emanzipation in Zentraleuropa bereits weit fortgeschritten sind und ihrem Endstatus mit großen Schritten entgegen eilen, haben Frauen in der reichweitenstärksten Religion, dem Islam, einer diffenten gesellschaftlichen Rolle gerecht zu werden. Neben der Entbindung, Erziehung und Betreuung der Kinder unterstützt die Frau den Mann in seiner Rolle als richtungsweisendes und führendes Familienoberhaupt. Vor Gott seien beide Geschlechter gleichgestellt, jedoch gibt es Unterschiede in Bekleidung und dem freien Zugang zur Öffentlichkeit. Während die Herren der arabischen Schöpfung Kleidung und Ausgang frei wählen und für sich definieren können, obliegt das weibliche Geschlecht einer Bekleidungsrestriktion, die in der Öffentlichkeit die Verhüllung der Frau durch den dunklen, den ganzen Körper bedeckenden Tschador vorschreibt. Dies vor dem Hintergrund der Unkenntlichmachung von Armen, Beinen und allgemeiner Körperkontur. Dass diese Vorgaben in privater Umgebung im eigenen Heim nicht gelten, brachte Fipps Thomsen dazu, nach der zermürbenden Expedition die hoteleigene Wellnessoase aufzusuchen - mit dem Fokus auf einem kurzen Überblick zur Ausgestaltung der Sonnenbänke und einem anschließenden Bad im Pool.

Zurück in der blauweiß gekachelten Küche des durch den Urgroßvater errichteten Gutshauses inmitten eines mehrere Hektar umfassenden Gartens im schleswig-holsteinischen Itzehoe, traf Thomsen eine Entscheidung. Gemeinsam mit einigen Branchenexperten der Solariumindustrie und zwei externen Beratern aus Kairo, die mit der dortigen Kultur und den damit einhergehenden wirtschaftlichen Hürden einer Markterschließung vertraut waren, sollten Solarien und Sonnenbänke an religiöse islamistische Hausfrauen verkauft werden. Eine von ihm selbst durchgeführte Feldstudie in den letzten beiden Tagen seines Ägyptenaufenthalts bekräftigte ihn. Inkognito und unauffällig, während einer traumhaften Flussreise auf dem Nil, sodass seine Frau sich nicht erneut in der Diagnose von Workaholismus bestätigt sieht, hatte er erforscht, dass die weibliche arabische Haut unter dem Tschador blass bleibt. Das entscheidende Forschungsergebnis war jedoch, dass diese Blässe, analog deutschen Verhältnissen, nur von wenigen Frauen forciert und gewünscht wird.

Auch mit seinen ägyptischen Gesandten hatte er sich bei unzähligen norddeutschen Stammtischabenden mit ausgiebigen Herrengedecken lautstark über die Situation der Frauen in der arabischen Welt ausgetauscht. Seine neuen Freunde waren in der verschlafenen norddeutschen Atmosphäre des punktiert mit Stammgästen gefüllten Dorfkrugs etwas aufgefallen. Thomsen fand dies interessant, schließlich könne es nicht schaden, wenn auch seine Gäste neue kulturelle Erfahrungen machen. Thomsen regte an, neben Ägypten direkt auch Saudi-Arabien, den Irak, Iran und Syrien als Märkte für Sonnenbänke zu erschließen. Hier lohnte sich die Investition in die beiden Berater besonders, da sie ihm davon abrieten. Veränderungen, seien sie politischer oder wirtschaftlicher Natur, verbreiten sich in der arabischen Welt sehr schnell, wenn sie sich mit sichtbarem Erfolg in eine positive Richtung entwickeln. So geschehen im arabischen Frühling. Nach den Unruhen, auf die in Libyen die blutigen Rebellenkriege gegen das exzentrische Staatsoberhaupt Muammar al Gaddafi mit anschließender Ermordung und Sturz des Regimes folgten, begannen auch rasch Aufstände in Ägypten und Syrien.

Thomsen war gedanklich bereits einige Schritte weiter. Er hatte die Marketingagentur eines Golffreundes aus Hamburg mit der Entwicklung eines Konzeptes beauftragt. Ziele waren die Etablierung und rasche Steigerung der Bekanntheit seines neuen Produktes in der passenden Zielgruppe. Auch hier lag der Fokus weniger darauf, einem in Ralph Lauren gewandten Porsche Carrera-Fahrer einen neuen lukrativen Job zu vermitteln, als eher darauf, dass dessen Agentur bereits erfolgreich ein bekanntes, segelförmiges Hotel am Golf von Dubai global positioniert hatte. Mit haarsträubenden Tricks und Kniffen im Zuge des Pitches um diesen Auftrag hatte sich der Agenturchef gegen seine Mitbewerber durchgesetzt. Dabei hatte er nichts unversucht gelassen. Seine komplette Konzeptioner-Brigade, ein junges und motiviertes, zugleich jedoch erschreckend unfokussiert arbeitendes Team, hatte drei Wochen lang in den großzügigen, spärrlich-künstlerisch möblierten Agenturräumen mit Loft-Charakter übernachten müssen, um seine persönlichen Ideen in einem detaillierten und möglichst konkreten Grobkonzept niederzuschreiben. Dabei war er sich sicher, dass seine erdachten Marketingansätze hochgradig revolutionär seien und in den Augen des Kunden eine marktverändernde Wirkung erzielen würden. Obgleich er versuchte, die Tatsache zu verdrängen, dass diese ein wenig abgekupfert waren. Nachdem er erfolgreich zweimal die Deadline des Pitches verschieben konnte, war sein Team endlich mit dem Konzept fertig. Eine Delegation bester Mitarbeiter machte sich auf den Weg in den Nahen Osten, um in einer 45-minütigen Präsentation Konzept, Vermarktungsstrategie und konkrete Werbemittel für die kommenden zwei Jahre vorzustellen. Trotz des geringen Pitch-Budgets setze man alles auf eine Karte, doch nicht die soziale Kontakte vernachlässigende aber gelungene Arbeit seiner Energy gedopten Mitarbeiter überzeugte den Kunden. Der Agenturchef selbst begeisterte das strenge, aber gut gelaunte Investoren- und Management Ensable - an der Stirn eines überdimensionalen ovalen Tisches in einem überraschender Weise Nachdem Feng-Shui abgestimmten Raum. vor allem sein kulturelles Einfühlungsvermögen, seine Fähigkeit, Menschen jeder Nation für sich und seine Arbeit zu gewinnen und nicht zuletzt auch sein umfangreiches Wissen und die große Begeisterung für limitiert gefertigte westeuropäische Sportwagen wirkten stark auf die Entscheidungsträger.

Neben zahlreichen namenhaften Kunden reite sich nun auch Fipps Thomsen mit seiner skurrilen Idee in das repräsentative Portfolio der Agentur ein und legte sein gesamtes Vertrauen in die Hände dieser Menschen. Und sein Vertrauen in die kreativen Hamburger wurde belohnt. Nachdem Thomsen sämtliche logistischen Hintergrundvorbereitungen für eine optimale Warenversorgung getroffen hatte, zeigte bereits das erste Geschäftsjahr, dass er erfolgreich einen enormen Markt erschlossen und dominiert hatte. Es folgten dem Verlangen nach künstlichem Sonnenlicht nun auch in Ägypten rund 18.000, vorwiegend weibliche Customer in privater Umgebung, womit er laut Bilanz einen Umsatz erwirtschaftete, der sich im zweistelligen Millionen Euro-Bereich bewegte.

Mit diesem raschen Umsatzwachstum sind Idee und Abenteuer von Fipps Thomsen kein seltenes Wirtschaftsphänomen. Besonders beim Erschließen neuer Märkte entstehen immer wieder ungeheure Investitions- und Ertragsvolumina. Als im März 2000 die von volkssportartigen Neubörsianer-Spekulationen angetriebene Dotcom-Blase überraschend platzte, verloren zahllose New Economy-Unternehmen weltweit den finanziellen Boden unter den Füßen. Zu Hochzeiten des Booms führten die hohen Gewinnerwartungen in das neue Medium *Internet* und all die technischen Neuentwicklungen jedoch zu einem unnatürlich schnellen Wachstum einzelner Unternehmen. Zwangsweise resultierte dies in einer mangelhaften Kompetenz der entscheidenden firmenkulturellen Bereiche, erwirtschaftete aber im gleichen Zuge auch enorme Erträge. Monatliche Umsatzsteigerungen von bis zu 1800 % waren keine Seltenheit. Als sich ein, aus der Historie des menschlichen Verhaltens völlig natürliches und erlerntes Abflachen der Entwicklungskurve abzeichnete, stellten sich, von den Medien zärtlich unterstützt, zahlreiche Thesen dar, nach denen die Mehrzahl der im neuen Markt agierenden Unternehmen den hohen Gewinnerwartungen der Anleger, Spekulanten und Investoren mittelfristig nicht nachkommen konnten.

Doch ein negativer Verlauf war für Fipps Thomsen und seinen Sonnenbankabsatz bis dato nicht zu verzeichnen. Ausschließlich die Haut seiner Frau leidet noch heute bei den zahlreichen Urlauben

und Besuchen des Orients unter der gleißend-brennenden Wüsten-
sonne.
Unter eine Sonnenbank hat sie sich noch nie gelegt.

Ein großer englischer Streichholzhersteller befand sich Mitte der 70er-Jahre in einer schweren konjunkturellen Krise. Kosten und Ertrag standen in keinem gesunden Verhältnis mehr, schlussendlich drohten nach unzähligen gescheiterten Rettungsversuchen große Entlassungen. Bevor man diesen Schritt ging, entschloss man sich, dem Hinweis eines Praktikanten zu folgen: Es wurden Mitarbeiterbefragungen durchgeführt. Ganze drei Prozent der Einsparsumme wurden demjenigen versprochen, der eine wirklich praktikable und optimierende Maßnahme parat hätte. *„Wie können wir die Kosten einer Schachtel Streichhölzer merklich reduzieren, ohne dass dies größere Auswirkungen auf die Usability unseres Produktes hat?"*
Etwa 2.500 Mitarbeiter nahmen an der Befragung teil. Der Fließbandarbeiter Adam Sinclair schlug vor, nicht mehr zwei der vergleichsweise teuren Magnesiumstreifen an den Außenseiten der Schachtel anzubringen, sondern nur noch einen. Seit diesem August 1976 benötigte die Familie Sinclair eigentlich keinen Arbeitgeber mehr, doch Adam arbeitete noch bis zu seiner Pension in der Fabrik.

„König der Könige" wurde Mansa Musa I. von Mali genannt. Der Herrscher lebte im 14. Jahrhundert und galt damals schon als der reichste Mensch der Welt. Würde er heute noch leben, wäre er das noch immer. Er besäße etwa 400 Milliarden Dollar und wäre damit der reichste Mensch, der jemals gelebt hat.

Ein großer Suchmaschinenanbieter erwirtschaftet einen Großteil seines Umsatzes mit dem Verkauf und der Platzierung von Anzeigen.

Neben der gewollten Platzierung dieser Anzeigen zwischen Suchergebnissen und auf externen Seiten in einem Displaynetzwerk, sorgen besonders die Schaltungen für klingelnde Kassen, die auf Seiten platziert sind, die ein Besucher erreicht, wenn er sich bei der Eingabe einer URL vertippt. Dort integrierte Anzeigen führen dann über einen Click auf die eigentlich gesuchte Website. Da ein Werbetreibender diese Anzeigen platziert und für deren Performance, also Clicks oder Impressions, bezahlt, profitieren von dieser Weiterleitung sowohl Werbetreibender als auch Anzeigenvermarkter.

Das zweite Wunder

„Wer zu spät kommt, den bestraft das Leben."

Ende des 15., Anfang des 16. Jahrhunderts wurde mit der portugiesischen Gewürzroute der erste sichere Seeweg für den Transport von Gütern und Waren aus Indien nach Portugal etabliert. Schnell erweiterte sich diese Transportroute auf zahlreiche Küstenländer Europas und über Sumatra weiter zu den Völkern der Banda-See. Neben dem Handel mit Waren und Gewürzen wie Nelken, Pfeffer und Muskat ermöglichte die Route auch die koloniale Expansion Europas. Die hohen Profite aus dem direkten Handel zwischen den Staaten trieben und finanzierten diese gewaltsame Entwicklung der folgenden Jahrhunderte.

Um das benötigte Handelsvolumen in dieser Prägezeit des Frühkapitalismus transportieren zu können, hatte man die relativ kleine Handelskogge hin zur größeren Karavelle entwickelt. Die dickbäuchigen Schiffe mit geringem Tiefgang luden bis zu 47 Tonnen Waren in ihrem Rumpf und fuhren meist in gesicherten Verbänden von bis zu 40 Schiffen die Gewürzroute entlang. In den vielen angelaufenen Häfen wurden immer wieder Ladungen gelöscht und ergänzt, Vorräte aufgefüllt und Rum beschafft.

Anders als heute waren die meisten Schiffsstraßen damals ausgesprochen gefährliche Regionen. Piraterie wurde durch den hohen Wert der geladenen Waren an nahezu allen Punkten der Reise erwartet und auch betrieben. Im Laufe der Geschichte blutig eingedämmt, traten ernsthafte Fälle von Piraterie in den modernen Medien erst Mitte der 90er, wieder auf. Die Beweggründe der ausübenden Piraten haben sich allerdings nicht verändert. Das durch die regionale Überversorgung an Waren und Nahrung entstehende Ungleichverhältnis wirkt sich auch heute noch auf die historischen Gewürzroute, beispielsweise an der somalischen Küste, besonders intensiv aus. Die Ladung eines Schiffes ist eine begehrte Beute, egal, ob es FullHD-Fernseher, Aprikosenmarmelade, Waffen und KFZ-Teile sind oder wie im 16. Jahrhundert Reis, Gewürze, Stoffe oder Edelmetalle.

Die europäische Bevölkerungsstruktur im 16. Jahrhundert war sehr fassettenreich. In insgesamt 31 Kriegen wurde in diesem Jahrhundert zwischen den herrschenden Parteien um mehr Land und mehr Einfluss gerungen. Darunter litt besonders die überwiegend ländliche Bevölkerung, hohe Frontabgaben und der Wehrdienst der Männer schwächten sowohl die sozio-demografische Entwicklung als auch die Wirtschafts- und Finanzsituation. Die Abkehr vom Feudalismus aber ließ die Unterschiede zwischen Adel und Bürgertum schmälern, was in letzter Konsequenz mit unter zu einer Interessenverteilung der vohandenen und begehrten Waren führte. So strebte mittlerweile auch der vernarbte Pariser Gerber am Ufer der Seine ab und an Nachdem kratzenden Genuss eines gestopften Pfeifenkopfs. Dies wirkte sich besonders auf vermögende Handelsstädte und Metropolen aus. Während die Landbevölkerung Hunger litt, traten in den Städten immer mehr wohlhabende Bürger und Kaufleute auf. Gestützt durch die Förderung von Bildung und den langsamen Verlust des Einflusses der Kirche entwickelten sich verschiedene soziale Schichten und Strukturen. Dies förderte auch die Entwicklung der Piraterie. Bis heute halten sich unzählige Legenden vom berüchtigten einbeinigen Papagei-Piraten, die, mit wenig Zähnen und ausgestattet mit Augenklappen und Hakenhänden, an Enterseilen vom eigenen auf ein zu kaperndes Schiff baumelten. In wilden und oftmals tödlichen Gefechten wurden Kanonen und Vorderlader salvenweise abgefeuert, was auch mit der geringen Trefferquote damaliger Geschütze zusammenhing. Doch ging es auch historischen Piraten weniger um das abenteuerliche Leben als vielmehr um das eigene Überleben, das in nicht unwesentlichen Elementen von irdischen Gütern wie Nahrung, Bekleidung und Geld abhängig ist. So war Deutschlands berühmtester Pirat, Klaus Störtebeker, wohl ursprünglich ein aus Danzig stammender Kaufmann, ehrenwertes Mitglied der Hanse und stets überdurchschnittlich an materiellen Dingen interessiert. Übereifrige Gläubiger und ein geblendeter Senat zwangen ihn jedoch zur Flucht auf die hohe See, wo er gelegentlich in die Dienste des schwedischen Königshauses trat, ab und an aber auch das Freibeuterleben auskostete. Eine Intrige aus den eigenen Reihen brachte ihn schlussendlich vor der Hochseeinsel Helgoland in die Hände von Hamburger und Lübecker Seeleuten. Sein Ende erlebte er bekanntermaßen kopflos.

Eine Hand voll französischer Männer in der Blüte ihres Lebens hatte in ihrem Dasein als Seefahrer bis dato wenig Ruhm und Reichtum erzielen können. Sie verbrachten ihre Tage überwiegend im Hafen einer französischen Küstenstadt, wo sie versuchten, in verschiedenen Positionen auf verschiedenen Schiffen anzuheuern. Dieses scheiterte zumeist am überhöhten Alkoholkonsum, der mittlerweile den Tagesablauf bestimmte. Im Rausch aus Wein, Weib und Gesang kam man auf immer neue Ideen, Geld aufzutreiben. Vom Landstreicherdasein über das ehrliche Leben des Bauern zum wohl situierten Haus-Meier oder verwegenen Leben des Piraten. Jeder Gedanke wurde diskutiert, verworfen, wieder aufgegriffen und bejubelt, bis man wieder Abstand davon nahm. Eines Nachts hörte man Gerüchte von einem erneut die Küstenregion passierenden Konvoi etwa zwanzig Handelskaravellen die, mit Gewürzen und Reis beladen, aus Asien auf dem Weg in die Niederlande waren. Begeistert vom unschätzbar hohen Wert einer einzigen Schiffsladung entschloss sich die mitunter völlig verwahrloste Gruppe junger Männer mit dem Mut der Verzweiflung zum Überfall auf den Konvoi. Eines der Handelsschiffe sollte gekapert, unter die eigene Kontrolle gebracht und schließlich nach Großbritannien verschifft werden. Der kühne Schachzug sollte des Nachts am Eingang des Ärmelkanals stattfinden, die vermeintlich sicheren Schmugglerhäfen Südwest-Englands wären von dort aus nicht mehr fern und auch der Konvoi wäre rasch erreicht. Man ging, berauscht vom Alkohol und dem Schutze der Dunkelheit, von wenig Gewalt und Gegenwehr aus. Der Plan war damit vollendet, am kommenden Abend würde die Gruppe starten.Nachdem die kleine, leicht bewaffnete, aber wendige Jolle aus dem Hafenbecken gesteuert wurde, löschte die Crew sämtliche Lichter an Bord. Das schwarze Segel ließ den in vollem Wind laufenden Einmaster in der Dunkelheit verschwinden und im Schein des Mondes navigierten die Männer über die offene See. Schnell erspähten sie in der Ferne den großen Verband, gut sichtbar beleuchtet. Sie machten eine Schwachstelle in dem umschließenden Mantel schwer bewaffneter Galeonen aus und schafften es, sich unbemerkt einer zurückgefallene, Handelskaravelle anzunähern. Jeder Mann der Gruppe hatte eine Aufgabe an Bord des kleinen Seglers. So war neben der Position am Steuer auch die Position an der am Bug liegenden leichten Kanone besetzt. Da sich die mittlerweile zum Stand der Piraten gehörenden Männer auf alle Eventualitäten vorbereiteten, war auch die Kanone geladen und jederzeit bereit zu Feuern. Diese Tatsache löste in dem verantwortlichen 24-Jährigen einen gewissen Grad an Nervosität aus, der sich im ständigen Wechselspiel zwischen plötzlichen Hitze- und Schweißschüben und dem unruhigen Tremor seiner rechten Hand bewegte. Unglücklicherweise hielt diese rechte Hand die kleine, aber wichtige Laterne, in der eine unscheinbare Kerze das Feuer bereithielt, das für das Auslösen der Kanone von elementarer Bedeutung war. Kanone und Laterne befanden sich unterhalb der Bordwand, sodass das entstehende Licht einzig und allein von dem Mann wahrgenommen werden konnte. Durch das Auf und Ab der Wellen und die immer energischeren Zitteranfälle stieß die Laterne schließlich mit einem heftigen Schlag an die Bordwand. Das Glas zerbrach und der Korpus löste sich vom Henkel, fiel unmittelbar auf die geladene Kanone und ließ die brennende Kerze die bereits im Zündloch steckende Lunte entzünden. Nach einem kurzen, aber energischen Aufschrei entlud sich die Kanone mit einem lauten, erschütternden Knall. Der flinke Einmaster war bereits so nah an die Karavelle manövriert, dass in deren Schiffswand nun ein zwölf bis fünfzehn Zentimeter großes Loch klaffte. Der laute Knall hatte die Aufmerksamkeit der den Konvoi schützenden Galeonen geweckt. Geschickt steuerte die Crew den kleinen Einmaster so neben die Karavelle, dass das dunkle Boot im Schutz des weitaus größeren Handelsschiffes unentdeckt blieb. Mit Haken, Seilen und Leitern erklomm die Mannschaft die Bordwand des dickbäuchigen Schiffes, fesselte nach einem handfesten Gemenge die Besatzung und konnte die Karavelle ohne weitere Aufmerksamkeit zu erregen, unter Kontrolle bringen. Man fuhr nun noch einige Zeit unauffällig im Konvoi mit, den einmastigen Segler fest mit der Karavelle vertäut. Geschickt wurde das Tempo des Schiffes gedrosselt, sodass der Abstand zum Verband langsam größer wurde.

Zu allem Glück zog im Ärmelkanal dichter Nebel auf. Als sich die Gelegenheit ergab, drehte die Karavelle nach Backbord ab und verschwand im Schutze des undurchdringlichen Nebels. Die Männer waren glücklich, erleichtert und in euphorischer Stimmung über den gelungen Coup. Auch die Prüfung des Laderaums auf einen entstandenen Schaden durch das Kanonenloch war erfolgreich. Das Schiff hatte den Bauch bis oben hin mit Reissäcken beladen und es wurde kein eindringendes Wasser festgestellt. Sie kannten die Küstenregion gut und segelten um zahlreiche Inseln und enge Buchten, um vermeintliche Verfolger abzuschütteln, noch etwa sechs Stunden lang in Richtung des heutigen Devon, als ein knarzendes Geräusch dem Schiff Schlagseite zu verleihen schien. Der ausgewählte und hell beleuchtende Zielhafen war in dem sich lichtenden Nebel bereits zu erkennen und die Euphorie der neuen Besatzung ungebrochen.

Doch sie sollten den Hafen nie erreichen. Etwa eine Seemeile vor dem Ziel platzten die Planken der Schiffswand mit einer plötzlichen Explosion auf, was zu einem spontanen Auseinanderfallen des gesamten Schiffes führte. Auf dem intakten, ursprünglich vertäuten Einmaster und übrigen Planken, Bohlen und Fässern rettetenden sich die Seeleute. Sie fanden sich inmitten eines Meeres wieder, an dessen Oberfläche 47 Tonnen aufgequollener Reisbrei schwamm. Das Loch im Rumpf der Karavelle hatte in den sechs Stunden derart viel Wasser in das Schiffsinnere fließen lassen, dass sich der gesamte Reis mit Wasser vollsog und jedes Korn auf das sechsfache seiner Größe anschwoll. Der Druck, der durch die geladenen 47 Tonnen Reis entstand, sprengte schließlich das Handelsschiff.

In den Vereinigten Staaten von Amerika gibt es unzählige Möglichkeiten, den eigenen Lebensunterhalt zu bestreiten. Große Dollarsummen wechseln täglich bei den Versteigerungen von verlassenen, nur sechs bis acht Quadratmetern großen, Lagerräumen die Besitzer. Meist handelt es sich um Händler, die an den Inhalten der Räume für den Wiederverkauf interessiert sind.

Die Abteile werden vor den Auktionen von jedem Interessierten kurz gesichtet, Durchsuchen oder Betreten der Räume ist dabei untersagt. Es gilt das Motto: „Gekauft wie gesehen". Auf diese Weise erwirtschaftet die kleine „Branche" etwa 12.000.000 Dollar im Jahr.

Entdeckt wurden bei diesen Auktionen neben seltenen und teuren Gemälden und unzähligen antiken Waffen auch Koffer voller Comic Merchandise-Artikeln, Teile des legendären Passagierschiffes *RMS Titanic*, ein BMX-Bike von Matt Hoffman und aus ägyptischen Pyramiden geplünderte Goldschätze von materiell und kulturell unschätzbarem Wert.

So ergeben sich bei diesem Glücksspiel für die Händler oft Gewinne, die das Vier- bis Sechsfache des Auktionspreises für ein Lagerabteil betragen.

1978 hat ein deutscher Weltenbummler eine Reise nach Indien unternommen. Dort lebte er etwa für ein Dreivierteljahr, arbeitete als Kellner und kurze Zeit auch als Fischer. Den frischen Fang verkauften er und seine einheimischen Kompagnons unter anderem direkt an Touristen. Neben weiteren deutschen hatte er auch zahlreiche Kunden aus Australien, Brasilien und Amerika. Einer der deutschen Kunden zahlte an einem sonnigen Tag seinen Fisch mit einer Hand voll Münzen. Ohne darauf zu achten, wickelten Fischer und Landsmann das Geschäft ab.

Am Abend stürzte der Weltenbummler die Tageskasse und entdeckte, dass einige Münzen keiner Währung entsprachen, die er kannte. Sie trugen die Prägung 2 Thaler, 3.1/2 Gulden, 1840.

Er ärgerte sich, da er vermutete, auf einen Betrug hereingefallen zu sein und alte, wertlose Münzen gegen seinen frischen Fisch getauscht zu haben.

2009 war der Mann sesshaft geworden und hatte sich im Zentrum Berlins niedergelassen. Er hatte nicht sonderlich viel Geld, kam aber ganz gut über die Runden. Eines Tages entdeckte er inmitten seiner Mitbringsel auch einige der eigenartigen Münzen wieder. Es waren acht Stück. Die Neugier packte ihn und er machte sich mit samt seiner Habe auf den Weg zu einem Briefmarken- und Münzkontor.

Er staunte nicht schlecht, als ihm der Experte 450 Euro pro Münze in bar auszahlte.

Das dritte Wunder

„Ohne Werbung Geschäfte zu machen ist, als winke man einem Mädchen im Dunkeln zu."

Mit dem Ziel, Umsatz, EBIT (earnings before interests and taxes) und Gewinn zu realisieren, gab und gibt es unzählige Wege, ein Produkt oder eine Dienstleistung zu vermarkten. Diese wurden noch um einen besonders effizienten und reichweitenstarken Kanal erweitert, als Tim Berners-Lee mit der Entwicklung des HTML das World Wide Web begründet hatte. 1992 stellte er die erste Internetseite live, seitdem haben sich unzählbar viele weitere Seiten dazugesellt und bilden so das größte, in der Menschheitsgeschichte jemals vorhandene Kommunikations- und Informationsnetzwerk. Noch heute existiert unter dieser ersten URL der Welt eine Kopie dieser ersten Website. Doch geht es im Internet nicht einzig und allein um Kommunikation. Ein ganz besonderer Fokus liegt auf dem menschlichen Drang, Werte zu erwirtschaften, insbesondere Geld. Um diesem Urinstinkt, gerecht zu werden, haben findige Pioniere, Geschäftsleute und Kreative unzählige Plattformen und Liquiditätsprozesse in das Internet getragen. Seien es die vernetzend stalkenden Eigenschaften der größten Social Community, die verglichen mit den globalen demografischen Verhältnissen mehr Einwohner hätte als der Zusammenschluss jedes noch so feudalistischen Staates der europäischen Kontinentalplatte. Oder die zahllosen angebotenen Massively Multiplayer Online Role-Playing Games, die dem mitunter gelangweilten Internetuser Abwechslung, Spaß und Suchtpotenziale in einer fernen Welt auf absurd gestalteten Planeten, mehrfach bemondet und von Kreaturen kühnster Ideenvielfalt bewohnt, auferlegen sollen.

Selbst die verraucht-dunkle Hinterzimmeratmosphäre einschlägiger Pokerrunden zwischen tätowierten, einäugigen und holzbeinigen Klein- und Großkriminellen transportiert das Internet mitunter sehr authentisch auf die heimisch behütete Sofalandschaft. Doch auch die gigantischen Suchmaschinen, wie Google oder bing, die Suchmaschine von Microsoft, mit täglichem Traffic im dreistelligen Millionenbereich und damit einer der höchsten Reichweiten im Internet, erwirtschaften in den Grundfunktionen, die in der Regel den USP für den User darstellen, keinen eigenständigen Ertrag. Durch die Eingabe von Suchbegriffen und das Aufzeigen von Suchergebnissen entsteht kein unmittelbarer Profit. Vielmehr sind die Kosten für Betrieb, Pflege und Entwicklung der technisch hoch anspruchsvollen IT-Konstrukte immens. Um diese zu decken, werden Nutzerdaten veräußert, Werbeflächen implementiert oder eigene digitale oder analoge Produkte entwickelt. Besonders hohe Erträge werden hierbei mit der Integration bezahlter Anzeigen erwirtschaftet. So generierte der fassettenreiche Internetdienstleister Google im Jahr 2011 einen Umsatz von etwa 37,9 Milliarden US Dollar, mit Abstand zum größten Teil mit der Platzierung von Anzeigen innerhalb von Suchergebnissen oder Werbeflächen auf externen, dritten Seiten.

Startseite | Fernsehen | Video | Home Entertainment | HiFi | Multi-Media | Zubehör | Loewe Welt | Sale %

LOEWE.

Connect ID

+ gratis Tablestand Fuß im Wert von 100 € mit jedem Connect ID

schon ab
1.400 €

Jetzt ansehen

FRISCH EINGETROFFEN!

Hisense LTDN 39 K 10 XCEU 3 D Hochglanz-schwarz

594,95 € *

IN DEN WARENKORB

Hisense HPP LTDN 42 K 310 RSEU 3D Hochglanz-schwarz

794,95 € *

IN DEN WARENKORB

Philips 40 PFL 5007 K/12 silber

UVP 849,99 € **719,99 € *

IN DEN WARENKORB

Panasonic TX-L 47WT 50 E klavierlack schwarz

1.899,00 € *

IN DEN WARENKORB

Panasonic TX-L 32 C 5 E S shiny silver

399,00 € *

IN DEN WARENKORB

Panasonic TX-L 42WT 50 E klavierlack schwarz

1.599,00 € *

IN DEN WARENKORB

Panasonic TX-L 32 C 5 E klavierlack-schwarz

399,00 € *

IN DEN WARENKORB

Panasonic TX-L 42ETW 50 bright-siver

1.099,00 € *

IN DEN WARENKORB

3D TV Sony SERP KDL-55 HX 755 BAE2 schwarz

1.799,95 € *

IN DEN WARENKORB

Telestar Visioflat 26 schwarz 5310670

UVP 549,95 € **449,95 € *

IN DEN WARENKORB

3D TV Sony SERP KDL-40 HX 756 BAE2 schwarz

998,95 € *

IN DEN WARENKORB

3D TV Sony SERP KDL-32 HX 755 BAEP schwarz

749,95 € *

IN DEN WARENKORB

Sony SERP KDL-22 EX 555 BAEP schwarz

399,95 € *

Samsung UE 26 EH 4500 WXZG perlschwarz

399,00 € *

Samsung UE 32 EH 5200 SXZG hochglanzschwarz

498,95 € *

Dieses große finanzielle Potenzial hat über die letzten zwei Jahrzehnte hinweg ein komplexes und tiefes Netzwerk aus Werbeflächen zur Verfügung stellen und Werbung entwickelnden Unternehmen entstehen lassen. Mit Erfolg wird seitdem in unzähligen Büros in unzähligen Metropolen überall auf der Welt emsig an Strategien und Positionierungen der eigenen oder einer fremden Marke im globalen, allumfassenden Onlinemarkt gefachsimpelt. Zur Unterstützung von emotional und kulturell aufgeladenen Imagekampagnen, die sich schlussendlich doch nur auf den Abverkauf des Produktportfolios auswirken sollen, wird wie selbstverständlich auf reichweitenstarken Internetseiten geworben. Und dies mit großem Erfolge. Nicht nur, dass der Absatz von Produkten über das Internet seit jeher steigt. Mit teils cleveren Multichannel-Kampagnen und teils stumpfsinnigen Abpreisungen erzielte man im Geschäftsjahr 2011 einen eCommerce-Gesamtumsatz von 21,7 Milliarden Euro. Für Unternehmen wie *Amazon, Otto* oder *eBay* sind neben der Gestaltung, den Funktionalitäten und der Abwicklung logistischer Prozesse besonders die verschiedenen Konzepte, die hinter den Plattformen stehen, erfolgsentscheidend. So war *Amazon* der erste überzeugende Anbieter einer Marketplace-Strategie, die es Unternehmen und Händlern ermöglicht, eigene Produkte über die *Amazon* Plattform zu vertreiben. Dies führte zu einer explosionsartigen Steigerung des angebotenen Produktportfolios und damit zu einer steil ansteigenden Umsatzentwicklungskurve. Denn Masse verkauft Masse.Das 1995 gegründete, einst ausschließliche Onlineauktionshaus, *AuctionWeb,* transferierte diese Idee schon früh auf eine private Zielgruppe. Hier hatte der Marktplatz eher Flohmarktcharakter und beschränkte sich lediglich auf Customer-to-Customer-Auktionsgeschäfte. Wie viele andere gefiel auch dieses Start-Up seiner Zielgruppe und entwickelte sich mit raschem Wachstum zum Marktführer. Als die Umfirmierung von *AuctionWeb* zu *eBay* stattfand, änderte sich auch die Ausrichtung der Plattform. Neben den reinen Auktionen wurden zusätzlich die Business-to-Customer-Kunden erschlossen und zahlreiche neue Handelssysteme entwickelt wie beispielsweise der beliebte Sofort-Kauf oder das Senden eines Preisvorschlages. Diese Maßnahmen sollten neben mehr Vielfalt auch die Abverkaufsgeschwindigkeit erhöhen. So musste ein interessierter Käufer nicht mehr bis zum Ende einer Auktion auf das Wunschprodukt warten und bieten, sondern konnte auch direkt zuschlagen. Nach unzähligen Erweiterungen und einer Expansion in zahlreiche Nationen erwirtschaftet eBay mittlerweile 11,6 Milliarden US-Dollar Umsatz (im Jahr 2011). Allein in Deutschland begrüßt der Marktplatz mit durchschnittlich 50 Millionen Produkten in 50.000 Kategorien jeden Monat 23,8 Millionen Besucher, etwa 46% aller deutschen Internetuser.

Diese gigantisch scheinenden Reichweiten und die entstandene Produktvielfalt begeisterten im Jahr 2005 auch den Briten Terry Hall, der nach einer originellen Geschenkidee für seinen Bruder sucht. Hierbei stöbert er auch auf *eBay.* Er kannte die Plattform, auf der er bereits einige kuriose Dinge erwerben konnte. Dies war fast eine Art Hobby von Terry, seltene und einzigartige Dinge zu suchen, zu beobachten und ab und an auch zu ersteigern. Raritäten und Skurriles bot *eBay* schon immer, schließlich bilden diese Dinge einen zentralen und kostenlos-viralen Marketing Call. So wurde beispielsweise nicht unweit von Terrys Wohnort ein voll funktionsfähiger Atombunker aus der Zeit des Kalten Krieges für 20.600 Pfund versteigert. Das Feldbett und einen passenden Spind gab es umsonst dazu. Auch das Haus von Elvis Presley wurde im Jahr 2006 auf eBay versteigert, Uri Geller war unter den tausenden Bietern. Nicht zuletzt nutzte auch die Stadt Steinach im Thüringer Wald die Reichweite zur Vermarktung der eigenen Existenz bei einer eBay-Auktion. Nach tagelangen heftigen Schneefällen mit mehr als 1,5 Meter Schneehöhe wollte die Verwaltung ihren Schnee verkaufen. Selbstverständlich nur an Selbstabholer.

Terry war von jeher von der entstehenden Spannung einer Auktion begeistert, deren Finale nur noch wenige Minuten ausstand. Wie gebannt starrte er auf den Bildschirm seines Laptops und beobachtete die immer weiter steigenden Gebote, sein eigenes Maximalgebot immer wieder erweiternd. Er konnte es sich auch leisten. Seine Arbeit als Creativ Director eines international agierenden Softwareherstellers stattete ihn mit ausreichenden Geldmitteln aus, die er geschickt gegen die regelmäßig aufkommende Langeweile einsetzte. Wenn er nicht zwischen Japan und England hin- und her jettete, saß er vor seinem Laptop, überwiegen in seinem Londoner Stadtbüro, gelegentlich aber auch zuhause. Seine Bibliothek war sein Rückzugsort, ein großer, heller und minimalistisch eingerichteter Raum. Weiße Wände, eine Wand, komplett mit Bücherregalen überzogen, stand befand sich mitten im Raum unter einer klassischen Bogenlampe der Ledersessel einer Firma, die sich den Kampf gegen den Stress auf die Fahnen geschrieben hatte. Dort durchforstete Terry nun das Onlineauktionshaus nach einer Geschenkidee. Gerade hatte er auf den gut erhaltenen Schlüssel eines roten 2004er Ferrari 612 Scaglietti geboten, den die Ehefrau eines neureichen deutschen Industriellen angeblich bei der ersten Fahrt nach Kauf in die Frontpartie eines LKW gelenkt hatte. Die Auktion lief jedoch noch 3 Tage, 21 Stunden und 13 Minuten, sodass sich das Interesse erst einmal aufs Weiterstöbern verlagerte.

Kurz dachte Terry über den Sofortkauf eines überraschend preiswerten Jahresvorrates Newcastle Brown Ale nach, das er und sein Bruder schon in der Jugend regelmäßig genossen hatten. Diese Idee schien im dann aber doch absurd, als sein geschulter Blick eine andere interessante Auktion entdeckte. Der Verkäufer *crazyHorzeP0w3R67* bot das nach eigenen Angaben älteste abgefüllte Flaschenbier der Welt feil. Eine fehlbelichtete, mehr als unprofessionelle Fotografie zeigte eine etikettlose braune Flasche mit einem altertümlichen Kugelverschluss, entwickelt im Jahre 1872 vom Engländer

Hiram Codd zum Verschließen von kohlensäurehaltigen Getränken. Etwa zu dieser Zeit begann die Ablösung der Fasslagerung durch die Glasflasche. Der Standort der Flasche wurde mit London angegeben. Die noch eine gute Stunde laufende Auktion hatte erstaunlicherweise bisher nur das Interesse von fünf Bietern erregt, *Defau******ty hielt das Höchstgebot von 47,53 Pfund. Die Artikelbeschreibung bestand aus einem einzelnen, in schwarzen Font Arial sowie in Schriftgröße 12 gekonnt in Szene gesetzten Satz:

"for sale today: first bottled beer ever."

Für Terry war noch unklar, ob es sich bei dieser Auktion um eine bloße Behauptung oder tatsächlich das älteste Flaschenbier der Welt handelte. Interessant war dieser Fund jedoch in jedem Fall und der Preis von knapp 50 Pfund wäre, im Fall der Echtheit, mehr als ein Schnäppchen. Er stieg in den Gebotskampf ein und legte nach längerer Betrachtung der Fotografie, etwa zwanzig Minuten vor Auktionsschluss, sein Gebot auf 250 Pfund fest, als ihn überraschend das dynamisch-klassisch nervende Klingeln des Telefons aufspringen ließ.

Am nächsten Morgen betrachtete Terry wie gewohnt kurz Nachdem Öffnen der Augen zuerst das Display seines Blackberry. Neben zahllosen Newslettern, Businessmails und Terminalerts erspähte er auch eine Mitteilung von eBay:

"Congratulations, you just won the auction 2456543213!"

Über das Telefonat am Abend hatte er die Auktion um die Flasche völlig aus dem Gedächtnis verloren, sie jedoch für 247,39 Pfund ersteigert. Nachdem die stille, in sich gekehrte Freude gewichen war, verließ er das Bett und seine schlafende Frau, um sich im Pyjama auf den Weg in seinen Ledersessel zu machen. Ungewöhnlich, hatte er ursprünglich nach einem Geschenk für seinen Bruder gesucht, kam ihm nun in den Sinn, welches finanzielle Potenzial in dieser Flasche stecken könnte. Es war Sonntag und Terry begann mit der Recherche zu vergleichbar alten Wein-, Sekt und Ölflaschen, um ein ungefähres Gefühl für den eigentlichen Wert seines Artefaktes zu bekommen. Immerhin hatte er einen Spottpreis gezahlt, sollte es mit dem Alter dieser Flasche mit rechten Dingen zugehen. Er fand heraus, dass über 200 Jahre alte Viktualien teilweise astronomische Werte hatten, verwarf diese absurden Ergebnisse aber rasch wieder. Was blieb, war das gute Gefühl, dass er ein lohnendes Geschäft gemacht hatte.

Terry stimmte sich mit dem Verkäufer ab und holte die Flasche noch am gleichen Tag persönlich aus London ab. Auf dem Rückweg besuchte er einen Experten, der ihm glücklicherweise und gegen ein fürstliches Honorar trotz der Tatsache, dass es Sonntag war, nach einer umfangreichen und langwierigen Untersuchung das hohe Alter der Flasche und des Inhalts bestätigte. Der mittlerweile sehr seltene Kugelverschluss war seit Abfüllung nicht geöffnet worden.

Wieder zuhause angekommen, zeigte er seinen neuesten Schatz umgehend seiner Frau, welche weder sonderlich überrascht, noch übermäßig begeistert von der staubigen Anschaffung war. Terry hingegen war wie im Wahn. Ihn begeisterte sowohl das hohe Alter der Flasche als auch der mögliche Wert, besonders vor dem Hintergrund des günstigen Beschaffungspreises. Bevor er mit dem Aufsetzen eines Marketingkonzeptes begann, versicherte er sich ein weiteres Mal, ob es Bierflaschen vergleichbaren Alters gab. Vergebens. Glücklicherweise. Im eigenen Domizil wurden zahllose Fotografien mit der Bierflasche vor zahllosen Hintergründen gemacht. Verschiedenste Arrangements führten ihn schließlich zu einer Hand voll Bildern, die seinem Anspruch genügten. Nicht nur, dass jeder Quadratzentimeter der Flasche zu sehen war, auch geschmackvoll, alt und hochwertig sollte sie wirken. Diese Abbildungen schickte er zusammen mit seiner Geschichte in unzähligen E-Mails an sämtliche Redaktionen britischer Fernsehanstalten, Verlagshäuser und Klatschblätter. Er richtete einen Blog ein und integrierte ein selbst gedrehtes dreiminütiges Video über Youtube in seine ersten umfangreichen Artikel über die Bierflasche. Nachdem er in einer hitzigen Telefonkonferenz mit seinem Bruder und einem gemeinsamen Freund über das passende Design einer neuen eBay-Auktion gefachsimpelt hatte, startete Terry nur 18 Stunden Nachdem Erwerb den Wiederverkauf der „wohl älteste Bierflasche der Welt" in einer sieben Tage andauernden eBay-Auktion. Die Anzeige war gespickt mit professionellen Abbildungen, ansprechenden Teasern und Design-Elementen. Die Zertifizierung des Alters, das Video und die ausführliche Beschreibung inklusive Statements des Experten machten die Informationen komplett... und Terry stolz. Er streute seine eBay-Auktion in verschiedenen, themenaffinen Foren und sendete sie auch als "Highlight" an die eBay-Redaktion. Seine Frau fand diesen Aufwand übertrieben.

Nach Ablauf der Auktion hatten drei Fernsehsender über Terrys Auktion berichtet. Vier Journalisten hatten ihn interviewt und seine Geschichte in ihren Zeitungen und Magazinen veröffentlicht. Seine Blog-Einträge hatten weit über 25.000 Menschen erreicht, sein Youtube-Video wurde bereits 350.000-mal betrachtet. Dank der zahlreichen Foreneinträge und der prominenten Platzierung der Auktion auf der Startseite von eBay.co.uk riefen mehr als 800.000 Interessierte Terry's Auktion auf. Er verkaufte die „wohl älteste Bierflasche der Welt" für 35.456,35 Pfund.

In China existiert eine Firma, die achthundert Mitarbeiter beschäftigt. Diese Mitarbeiter spielen rund um die Uhr einen Action-Rollenspielklassiker am Computer. Dabei geht es nicht darum, der Belegschaft größtmögliche Freude zu vermitteln, sondern in unfassbarer Geschwindigkeit die digitale Spielwährung zu sammeln, einzigartige Gegenstände zu finden und verschiedene Spielcharaktere auf einen hohen Level zu treiben. Diese virtuellen Dinge werden anschließend und durchgehend gegen reales Geld verkauft.

Im ersten Quartal des Jahres 2012 verdiente das Unternehmen auf diese Weise umgerechnet 4,8 Millionen Euro.

Micky Mouse & Friends haben im Herbst 2012 für rund 4 Milliarden Euro Darth Vader & Gefährten geschluckt. Dahinter steht die Übernahme von Lucasfilm durch den Mediengiganten Disney.

1974 kaufte ein Unternehmer in Texas große Mengen Steppenland zu einem guten Preis. Hintergrund dieses Geschäftes war die Überzeugung, dass die Weltbevölkerung in den nächsten zwanzig Jahren sprunghaft ansteigen würde. Da die Erdoberfläche und damit der verfügbare Raum begrenzt ist, witterte der Unternehmer mittelfristig eine gute Rendite.

Als der Unternehmer im Winter des Jahres 1998 verstarb, hinterließ er seinem Sohn die Ländereien, deren Wert unglücklicherweise ein

Opfer anhaltender Landflucht war. Als der Sohn eines Tages mit seinem Pick-Up durch die Lande fuhr, träumte er vor der Kulisse verschiedener Raffinerien und Bohrtürme von einem Dasein als superreicher Ölmagnat, bis ihm der Gedanke kam, die eigenen Besitztümer auf Ölvorkommen zu überprüfen. Das Ergebnis war ernüchternd, nicht ein Tropfen Öl befand sich auf seinem Land.

Wenige Jahre später fand sich die Familie in großen Geldsorgen wieder, die vom Vater gekauften Landflächen mussten wieder veräußert werden. Der Wert des Landes war weiterhin gesunken, es musste eine rasche Lösung her.

Also setzte der Sohn alles auf eine Karte und vergrub mithilfe eines befreundeten Baggerfahrers an einer zentralen Stelle vier 10.000 Liter-Erdöltanks im sandigen Boden der Prärie.

Er bestellte einen kleinen Bohrturm und einen Vertreter der regionalen Presse. Bei einer „Probebohrung" stieß er wie durch ein Wunder auf Erdöl. Der Journalist war begeistert, seit Jahrzehnten wurden in diesem Landstrich keine Ölvorkommen mehr erschlossen.

Durch die entstandene Aufmerksamkeit konnten sämtliche Ländereien zum dreifachen Preis wieder verkauft werden.

Vier Monate später wurde er wegen Betruges angeklagt.

Das vierte Wunder

„Verkaufen ist ein Marathon, kein 100m-Meter-Lauf."

„Worzinaski, hallo?"

„Guten Morgen, Herr Woyzcikowski, wie geht es Ihnen heute? Haben Sie einen Moment Zeit? Sie haben bestimmt schon von uns gehört, wir vertreten eine niederländische Investorengemeinschaft und möchten Ihnen kurz unser aktuelles Projekt vorstellen. "

„Na los."

„Ja, oh, Herr Woyzcikowski, es freut uns, dass Sie Interesse an einer Zusammenarbeit haben! Wir vertreten eine nierderländische Investorengemeinschaft und wir planen die Konstruktion eines monumentalen Hinguckers in der holländischen Ebene, nahe der deutschen Grenze. Viele zehntausend Besucher sollen unser Projekt jeden Tag besuchen, besichtigen und nutzen. Es sollen unter anderem Freizeitparks, Hotels, gastronomische Einrichtungen und ein Skibetrieb angesiedelt werden."

„Ein Skibetrieb?"

„Ja, Herr Woyzcikowski, Sie als Freund der Natur gehen doch sicher auch gern an die frische Luft?"

„Durchaus."

„Na, das dachten wir uns doch, Herr Woyzcikowski, deshalb rufe ich auch bei Ihnen zuerst an. Es geht, wie gesagt, um ein spannendes, bahnbrechendes Projekt. Aktuell stehen wir mit dem niederländischen Entwicklungsministerium in Verhandlungen. Wir rechnen fest mit einer finanziellen Beteiligung des Staates an unserem Projekt."

„Das' ja was."

„Ja, Herr Woyzcikowski, vielen Dank, dass Sie sich die Zeit nehmen und sich mit unserem Projekt beschäftigen. Es birgt wirklich enorme Entwicklungspotenziale. Wir haben das einmal durchkalkuliert und von den seriösesten Experten unseres Landes simulieren lassen. Wir erwarten jährliche Renditen von bis zu 35%. Und wir garantieren sogar volle 12% Rendite! Ist das nicht unheimlich viel? Auch Sie möchten doch Ihr Kapital so entwicklungsstark investieren, nicht wahr, Herr Woyzcikowski?"

„Ehrlich gesagt weiß ich nicht, worum es geht."

„Naja, also Herr Woyzcikowski, ich war ja noch nicht ganz fertig mit der Erklärung. Also, es ist so, dass wir nach zahlreichen Marktanalysen endlich genau den Bedarf unserer Landsleute herausfinden konnten. Wir haben immer wieder gegrübelt, welches Produkt hier am besten gefällt, welches Produkt stark, langfristig und umsatzstark performt. Endlich haben wir es gefunden und es sind schon sehr viele Investoren an Bord. Sie haben ja ebenfalls Interesse, Herr Woyzcikowski, das höre ich ja."

„.."

„Ja, Herr Woyzcikowski, als ich das erste Mal von diesem Projekt gehört habe, war ich ebenfalls sprachlos vor Begeisterung. Es ist ja auch unfassbar. Wir haben die große Sehnsucht der holländischen Bevölkerung gefunden und sind stolz darauf und voller Vorfreude, dieser Sehnsucht mit unserer großartigen Lösung begegnen zu können. Ich würde Ihnen gern unverbindliches Informationsmaterial zukommen lassen. Hierzu benötige ich nur Ihren Vor- und Zunamen, Ihr Geburtsdatum, Ihr durchschnittliches Monatseinkommen und Ihre Anschrift."

„Auf welche Sehnsucht sind sie denn da gestoßen?"

„Herr Woyzcikowski, ich hoffe, Sie sitzen."

„.."

„Nach zahlreichen, mehrjährigen Analysen sind wir zu dem Entschluss gekommen, in der holländischen Ebene eine 800 Meter hohe, von monumentaler Schönheit geprägte Berglandschaft zu gestalten. Es wird ganzjährige Schneesicherheit garantiert! Berghütten, Seen, Wälder, Seilbahnen, Après-Ski, Campingplätze und Restaurants werden das niederländische Reisefieber auf das eigene Land konzentrieren. Stellen Sie sich nur vor, Herr Woyzcikowski, all die Wohnwägen auf Campingplätzen im eigenen Land, am eigenen Berg, vor eigenen Bergseeidyllen. Ist das nicht eine tolle Idee, an der Sie nun die einmalige Chance habe, mitzuwirken und mit zu verdienen, Herr Woyzcikowski?! Verbringen auch Sie als Deutscher Ihren Urlaub an Ihrem quasi eigenen Alpin-Berg!"

„.."

„Herr Woyzcikowski, sind Sie noch dran? Herr Woyzcikowski, ich kann Sie leider nicht verstehen, ich höre Sie nicht."

Im Sommer des Jahres 2004 entwickelte ein Architekturbüro aus Amsterdam konkrete Pläne für die Konstruktion einer etwa 800 Meter hohen Berglandschaft in der holländischen Ebene. Diese sollte aus den Erdreichaushüben vereinzelter nationaler Bauvorhaben gestaltet werden und das große einheimische Tourismusproblem lösen. Jedes Jahr verlassen etwa 45% der Niederländer ihr Land, um sich anderen Ortes zu erholen. Es wurden internationale Investoren gesucht und teilweise auch erfolgreich geworben. Bisher wurde mit dem Bau jedoch noch nicht begonnen.

Im beschaulichen mitteldeutschen Göttingen hat ein junger Student der Wirtschaftswissenschaften in einer Nachmittagsvorlesung einen Apfel gegen ein Butterbrot getauscht. Dieses Butterbrot tauschte er am Abend bei einem hungrigen Kommilitonen gegen die Ausgabe einer überregionalen Wochenzeitung ein. Für diese Zeitung wiederum erbeutete er einen Bleistift, einen Filzstift, zwei Kugelschreiber und ein Radiergummi. Dieses Konvolut setzte er in einen Taschenrechner um. Mit dem Taschenrechner ging er am nächsten Morgen zu einem An- und Verkauf, wo er als Gegenwert eine Schlager-CD-Box erhielt. Sein Großvater freute sich noch am selben Tag über die ordentliche musikalische Neigung seines Enkels. Für die modernen Interpreten deutscher Urkultur überreichte er ihm eine Mundharmonika. Mit der Mundharmonika lief der Student zu einem Antiquitätenhändler, der ihm sein altes, angerostetes Fahrrad zum Tausch anbot. Sein ergattertes Fahrrad schob der Student erst einmal zu einem befreundeten Onlineshop-Betreiber für Beachcruiser und Custom-Bikes. In der dortigen Werkstatt wurde am Abend gemeinschaftlich das Fahrrad aufgewertet, fotografiert und auf einer Internetplattform zum Tausch offeriert.

Wenige Tage später konnte der Student sein Fahrrad gegen die Hifi-Anlage eines namenhaften Herstellers substituieren.

Wieder besuchte er den An- und Verkauf seiner kleinen Stadt und sein Besitz wechselte von der Anlage zu einem Flatscreen

Fernseher. Diesen konnte er abends noch auf einer befreundeten Wohngemeinschaftsparty gegen einen alten, ungenutzten Spielautomaten tauschen.

Am nächsten Morgen stand er mit dem schweren Spielautomaten wieder vor der Tür des Antiquitätenhändlers. Dieser hatte leider kein anderes Produkt mehr, gegen das der Student hätte tauschen wollen. Daher zahlte der Händler dem jungen Mann 250 € für den Automaten.

Mit dem Geld machte sich der Student auf den Weg zu einem Schmuckhändler und kaufte dort einen Silberring, in den ein kleiner Brilliant eingefasst war. Diesen schenkte er am Abend seiner Freundin, denn dies war ihr Geburtstag.

2002, innerhalb eines Jahres, starben drei Schwestern. Sie hatten keine Verwandtschaft mehr. Als man die gemeinsame Wohnung räumte, fand man in einer der drei Matratzen rund 195.000 Euro. Eine Nachbarin erzählte später, die Damen hätten sich jeden Morgen zum Frühstück ein Ei geteilt und ihr Leben lang sparsam gewirtschaftet.

Das fünfte Wunder

In einem Flugzeug ertönt plötzlich eine Durchsage: „Meine Damen und Herren, ich habe zwei Nachrichten für Sie, eine gute und eine schlechte. Die negative Meldung ist, dass sowohl Funkgerät als auch Radar ausgefallen sind. Die gute Nachricht ist, wir haben 250 Stundenkilometer Rückenwind."

August C. Liegenacht hat in seinem Leben weit mehr als zehn Millionen Kinder begeistert. Zu jedem Anlass, ob Geburtstag, Weihnachten oder Ostern, leuchten auch heute noch die Augen des Nachwuchses, wenn sich Liegenachts Produkt unter den Geschenken befindet. Es ist schwer zu verpacken, so ist es auch stets das erste von allen Geschenken, das prompt und energisch auf Funktionalität und robuste Verarbeitung geprüft wird.

Dabei begann das Leben von August C. Liegenacht alles andere als freudvoll. Als er 1947 vierzehn Jahre alt wurde, lagen bereits schier endlose Jahre des Schreckens hinter ihm. Auf der Flucht von Königsberg in Ostpreußen nach Bayern erlebte der Junge Hunger, Armut und Obdachlosigkeit. An der Seite seiner Mutter schlug er sich über Feldwege, Wiesen, Wälder und durch das Mittelgebirge bis hinein ins Frankenland. Aufgenommen von einer Bauernfamilie, verbrachten Mutter und Sohn die nächsten Jahre mit der Aufbauarbeit ihrer Zukunft. Erst für etwas Lohn und Nahrung auf dem Feld zog es die kleine Familie schnell in die nächstgrößere Stadt, wo Liegenacht eine Lehre in einem Metallverarbeitungsbetrieb absolvierte. Man mochte den fleißigen jungen Mann und ermöglichte Liegenacht ein anschließendes Studium mit Ingenieursdiplom.

Die wirtschaftliche Situation Deutschlands in den 50er-Jahren war geprägt von Zerstörung und emotionaler Ohnmacht. Doch anders als in den urbanen Zentren der späteren Bundesrepublik waren weite Teile der ländlichen Produktionsbetrieben von der zerstörerischen Kraft des Krieges verschont geblieben. Auch die Infrastruktur, besonders das Straßen- und Schienennetz, war besonders in den drei Westzonen weitgehend in Takt. Demolierte oder zerstörte Knotenpunkte und Brücken konnten in ihrer Funktion rasch wiederhergestellt werden. Auf dieser Grundlage überstieg die Gesamtkapazität der wirtschaftlichen Basis sogar die Situation vor Beginn des Weltkrieges. Gestützt durch die Währungsreform endeten der bis dahin stark verbreitete Tauschhandel und die fluktuierende Schwarzmarktwirtschaft abrupt, was in mittelbarer Konsequenz rasch die Regale der entstehenden Warenhäuser und Märkte füllte.

Die langsam entstehenden Kapitalüberschüsse der Unternehmen ermöglichten nach und nach weiterführende Investitionen in die Entwicklung und die Erschließung neuer Geschäftsfelder.

Als aufgeteilte Verlierernation mussten sich sowohl die Bundesrepublik als auch die spätere Deutsche Demokratische Republik wirtschaftlich auf den Export von Produkten, Dienstleistungen und Knowhow in Richtung der Besatzungsländer orientieren. Besonderen Anteil am raschen Wachstum der Wirtschaft in der Bundesrepublik hatte daher auch die starke, im Wechselkurs fixierte, D-Mark mit einem Wert von 4,20 DM zu 1 US-$. Im Vergleich zu 1950 hatten sich zu Beginn der 1960er-Jahre die Exporte bereits vervierfacht, das Bruttoinlandsprodukt verdreifacht.

Von dieser exportgetriebenen Wirtschaftslage profitierte auch August

C. Liegenacht, der sich nach seinem abgeschlossenen Ingenieurs-studium rasch mit der Ausarbeitung konkreter Pläne zur Selbststän-digkeit beschäftigte. Die Auftragslage in dem metallverarbeitenden Betrieb, in dem Liegenacht auch nach seinem Studium noch arbeite-te, wuchs stetig. Das Unternehmen vergrößerte sich personell und baulich. Liegenacht wurde zum Bereichsleiter der Fertigung von für den Export bestimmten Getrieben und erfreute sich auch eines ge-stiegenen Gehaltes.

Bevor er aber den Schritt in die Selbstständigkeit wagte, wollte er noch einen Freund besuchen, der unmittelbar nach Abschluss der gemeinsamen Lehre in die USA emigriert war.

Während ihrer Ausbildung teilten sich die jungen Männer häufig ihre Brotstullen, tauschten und hehlten vereinzelt Produkte aus dem Be-trieb auf dem Schwarzmarkt und arbeiteten regelmäßig für die US-a-merikanischen Truppenverbände. Rasche und kompetente Repara-turen von Ausrüstung und Fertigungen von Ersatzteilen beeindruck-ten die Amerikaner. Die hervorragenden Fähigkeiten im Umgang mit dem Schweißgerät brachten einen Offizier dazu, den Bekannten Lie-genachts mit lukrativen Angeboten in die Vereinigten Staaten zu lo-cken. Mit Erfolg. Im Jahre 1952 betrat der junge Mann erstmals amerikanischen Boden. In New York wurde er in einem Unterneh-men beschäftigt, das erfolgreich Skyscraper in den Himmel zog. Die wagemutigen Projekte und außergewöhnliche Architektur der Ge-bäude der Firma trieben in diesen Jahren die Entwicklung im Bau

von Wolkenkratzern enorm voran. Dieser Pionierspirit, den Architek-
ten, Bauherren und Arbeiter versprühten, inspirierte Liegenachts
Auswanderer-Freund enorm. Die herausfordernden Aufgaben in den
schwindelerregenden Höhen der Häuserschluchten in Kombination
mit einem vergleichsweise hohen Gehalt machten den in Knickerbo-
cker gekleideten Schweißer aus Deutschland zufrieden.
Später gründete er seine eigene Metallverarbeitungsunternehmung.
An seinem Lebensende beschäftigte seine Firma 2540 Mitarbeiter,
verteilt über die gesamte Fläche der Vereinigten Staaten. Er und
sein August blieben zu Lebzeiten enge Freunde.

Als August C. Liegenacht seinen Freund am John F. Kennedy International Airport begrüßte, hatte er konkret ausgearbeitete Konzepte
für einige Geschäftsmöglichkeiten in seiner dunkelbraunen Aktenta-
sche. Der Besuch Liegenachts am starken amerikanischen Vorbild-
markt diente nicht nur der Pflege seiner Freundschaft, sondern sollte
vor allem seine erstellten Konzepte auf Herz und Nieren testen. Liegenacht war überzeugt, dass sich die deutsche Wirtschafts- und
Konsumentensituation langfristig stark an die US-amerikanischen
Waren, Dienstleistungen und Gepflogenheiten angleichen würde. Es
war für ihn eine glasklare Schlussfolgerung, dass sich die ökonomische Umgebung einer besetzten Nation in ihrer Entwicklung an die
Verhältnisse der besetzenden Nation annähern würden.

Aus diesem Grund studierte er die Marktverhältnisse vor Ort. Schon als die vierstrahlige Boeing 707 in der Abenddämmerung den Airport erreichte, schaute Liegenacht begierig von seinem Fensterplatz aus über die Landschaft. Er sah die geschwungenen Dächer des TWA-Terminals, unzählige Lichter und Autos.

Die beiden Freunde besuchten ein griechisches Restaurant in Queens, es war das erste und auch letzte Mal, dass Liegenacht griechisches Essen kostete, und gingen die vorbereiteten Konzepte durch. Aufgrund der amerikanischen Erfahrungen und Möglichkeiten verwarfen sie alle Ideen, bis der letzte, von Liegenacht favorisierte Plan vor ihnen lag. Dieser beschrieb bis ins kleinste Detail, welche Aufwände, Kosten, Entwicklungspotenziale und Marktverhältnisse in Deutschland für das bedeutendste Projekt von August C. Liegenacht nötig werden würden. Es handelte sich um die, selbstverständlich kommerzielle, Massenfertigung einer besondere Produktreihe von Kinderspielzeugen. Die benötigte Zielgruppe und der Nachfrage-trend dieser Produkte waren in den Staaten bereits in Ansätzen er-kennbar, doch für die breite Bevölkerungsmenge aus Kaufkraftgrün-den nicht erschwinglich. Ähnlich einem modernen Henry Ford wollte Liegenacht mit einem optimalen Verhältnis aus Materialeinsatz und Fertigungskosten eine Serienproduktion ins Leben rufen, deren End-produkt für jeden Haushalt bezahlbar ist.

Anfang der 1960er-Jahre wurden vorrangig in den USA und Italien hochwertige Miniaturrepliken von berühmten Automobilen gefertigt. Diese Tretautos für Kinder bestanden aus einem Metallchassis und verfügten über eine Eins zu eins-Übersetzung von Tretkraft und Geschwindigkeit. In geringster Auflage und unter der Verwendung von kostspieligen Materialien waren die Kinderfahrzeuge nur für die Oberschicht erschwinglich.

August C. Liegenacht und sein Freund waren sich sicher, dass die Fertigung von Kinder-Tretautos zu einem günstigen Endpreis nur durch die Verwendung alternativer Materialien zu realisieren war. Günstige und ausreichend stabile Werkstoffe waren neben Metall auch Holz und Kunststoffe. Für die schnelle und effiziente Massenfertigung war es ebenfalls wichtig, dass die Autos einfach und ohne große handwerkliche Kenntnisse montiert werden konnten.
Bis in die tiefe Nacht philosophierten die Freunde über dem Konzept, passten es an vielen Stellen an und widmeten sich immer wieder dem griechischen Agiorgitiko, einem trockenen, beerenfruchtigen Rotwein aus der vermeintlich ältesten Reebsorte der Welt.

Nach einer kurzen Nacht machten sich die beiden am nächsten Morgen auf den Weg in die Innenstadt von New York City. Dort wurden zahllose Gemischtwarenhändler besucht, Spielzeuggeschäfte analysiert, Kaufleute und Geschäftsmänner aus der Branche nach Umsätzen aus einzelnen Sortimentsgruppen befragt und die spärlichen Antworten wiederum ausgewertet. Dies war der Beginn einer mehrtätigen Marktanalyse eines ökonomischen Systems, das für Liegenacht felsenfest die Zukunft der bundesdeutschen Wirtschaftsverhältnisse widerspiegelte.

Am Ende des Aufenthalts in Amerika hatte Liegenacht alle Informationen gesammelt, die er brauchte. Er hatte vor seinem Rückflug eine Investorengruppe getroffen, die er über die guten Verbindungen seines Freundes erreichen konnte. Diese waren vom Charisma und der peniblen Planung des jungen Deutschen sehr begeistert und ließen sich davon überzeugen, dass Deutschland für die neue Produktreihe einen nährstoffreichen Boden bildete. Sie sagten August C. Liegenacht finanzielle Unterstützung zu.

Der Abschied von seinem Weggefährten fiel Liegenacht schwer, trotzdem saß er aufgeregt im Flugzeug, voller Tatendrang um, zurück in der bayerischen Heimat, unmittelbar mit der Verwirklichung seines Traumes zu beginnen.

Bereits ein Jahr später hatte der junge Unternehmer den Bau seiner Fabrikationsanlage abgeschlossen. In einer alten Panzerhalle hatte er mithilfe des amerikanischen Geldes der Investorengruppe Förderbänder, Kunststoffpressen, Büros und eine kleine Kantine für seine dreiundzwanzig Mitarbeiter errichtet.

Seinen bis dahin größten Auftrag ergatterte August C. Liegenacht durch einen glücklichen Zufall. Ein britischer Lord hatte über seinen, in Deutschland stationierten Sohn von den Liegenachtschen Kinderautos gehört. Er war vom Design und der robusten Bauart so begeistert, dass er für die gemeinschaftliche Kindertagesstätte seines Wohnortes Bedford 1.200 Plastikautos im Wert von 110.800 DM bestellte. Er zahlte für jedes Auto fünfzehn DM Aufschlag, wenn dieses mit einer Hupe ausgestattet wurde. Den gesamten Profit aus diesem Geschäft investierte Liegenacht in die nationale Vermarktung seines Produktes. Die Hupe wurde fester Bestandteil der Autos.

Schon 1973 standen unter jedem fünften deutschen Weihnachtsbaum aus Plastik gefertigte Tretautos.

Dieses rasche Bekanntheitswachstum von Liegenachts Produkten blieb auch einigen Mitgliedern der ostdeutschen SED nicht verborgen. In die Waldsiedlung Wandlitz, in der ausnahmslos Mitglieder des Politbüros des SED Zentralkomitees wohnten, ließ ein hoher Funktionär zwei Tretautos für seine Söhne einführen. Die diensthabenden MfS-Soldaten am Haupttor der umzäunten und bewachten Siedlung im malerischen Grün staunten nicht nur bei dieser Lieferung über die warenwirtschaflichen Zustände innerhalb ihrer herrschenden Partei. Nachdem die beiden Söhne des Funktionärs mit den neuen Spielzeugen über das Gelände des anlageneigenen Schwimmbades gerauscht waren, wuchs das Interesse einer Ministergattin an den Tretautos. Auch sie ließ sich indirekt von Liegenacht beliefern. Anschließend machte sich ihr Mann mit 480 roten Flitzern auf den Weg zu einem Besuch in das Herz der kommunistischen Bewegung. In Moskau schenkte er bei einer feierlichen, von Pionieraufmärschen begleiteten Zusammenkunft jedem gleichgesinnten Politiker eines der Autos. Selbstverständlich hatte er die Produkt-Prägung „Made in Germany" durch den sozialismusfreundlichen Satz „Hergestellt in der Deutschen Demokratischen Republik" austauschen lassen.

Als August C. Liegenacht im Jahr 2001 verstarb, hatte sich das Sortiment seiner mittlerweile zu einer Unternehmensgruppe herangewachsenen Firma stark erweitert. Es erwirtschaftete einen Jahresumsatz von 480 Millionen Euro.

Zu guter Letzt

„Was die Raupe *Ende der Welt* nennt, nennt der Rest der Welt Schmetterling.“

Hat es der interessierte und arbeitswillige Student schlussendlich zu einer Berufung geschafft, die ihn emotional und körperlich ausfüllt, stellt er sich der wohl größten Herausforderung. Es gilt nun, das harmonische Gleichgewicht zwischen dem täglichen Arbeitsaufkommen und den begleitenden sozialen Beziehungen zu finden. Jeder für sich selbst definiert hierzu, je nach Lebensumstand, seine persönlichen Ziele.

Inwieweit sie erreicht werden können, welche Hürden und Weggabelungen es geben kann, wird eventuell in einem anderen Buch behandelt.

Noch mehr spannende Anekdoten, Infos rund um den Autoren und Meinungen anderer Leser finden Sie unter:

wirtschaftswunder-buch.de
facebook.com/FuenfWirtschaftswunder